AF224807

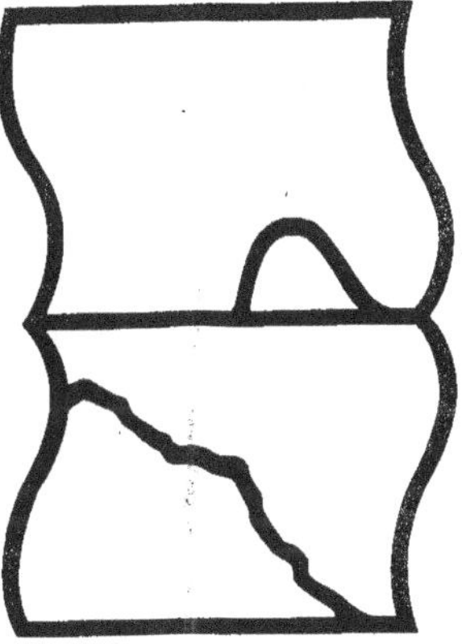

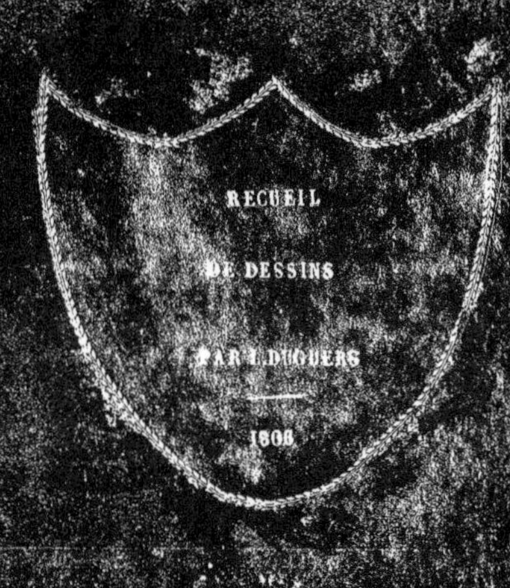
RECUEIL
DE DESSINS
PAR L. DUGUERS
1808

grand-papier.

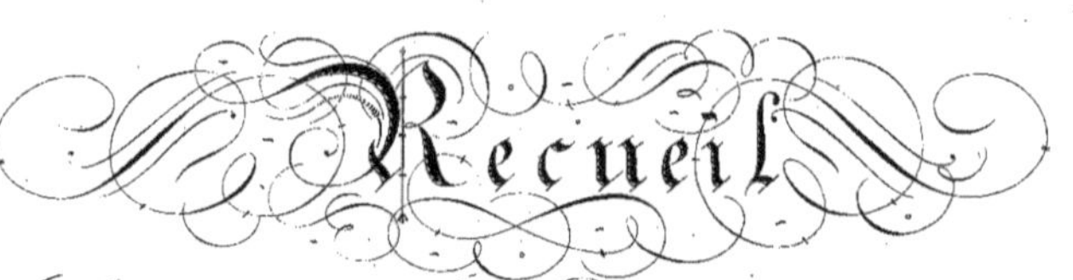

Recueil

de Dessins de Meubles, Pendules & Candelabres,

COMPOSÉS ET EXÉCUTÉS

Par L. Duguers

à l'occasion

de l'exposition publique des produits

de l'industrie Française

de l'an 1806.

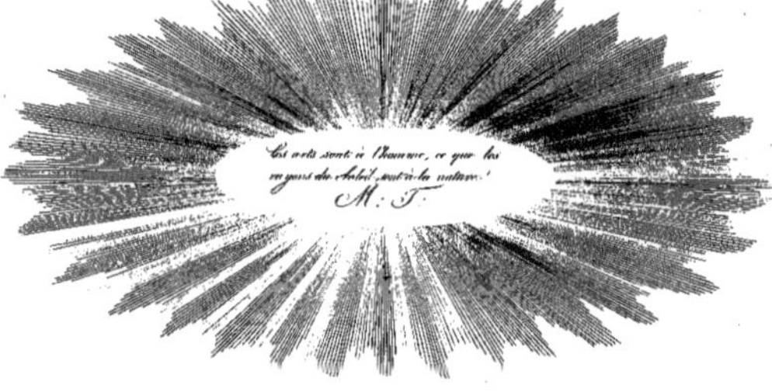

à Paris

Déposé à la Bibliothèque Impériale.   Pierre Parquet sculpsit.

Chez l'Auteur, au Parc des Sablons, & chez Rolland, Md. d'Estampes, Place des Victoires.

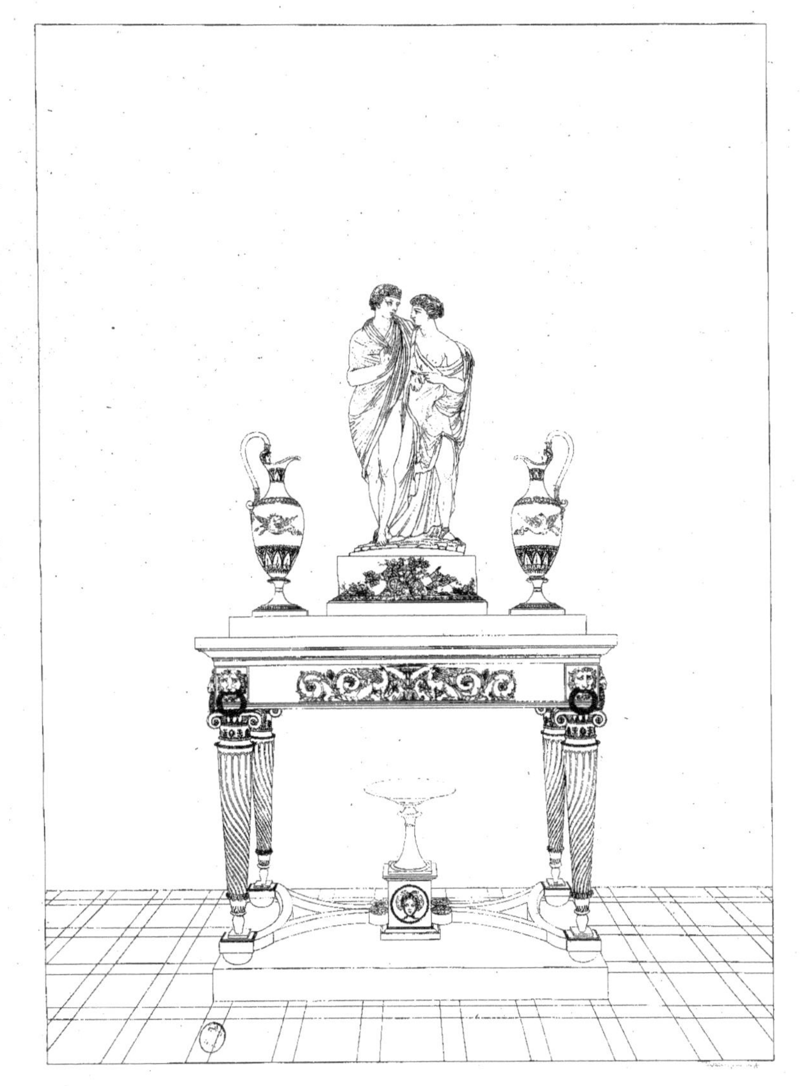

DESCRIPTION

D'UN MEUBLE CONTENANT UNE PENDULE,
DESTINÉ POUR UN SALON.

Ce Meuble offre une Console à quatre pieds , portant un groupe de Bacchus et Ariadne, exécuté en marbre, proportion de trois pieds.

Ce groupe est posé sur un socle carré de marqueterie, enrichi d'une frise composée des attributs de Bacchus et d'Ariadne. Au milieu de cette frise sont deux losanges : dans l'un de ces attributs on voit les heures, et dans l'autre les minutes.

Ce socle est porté par un plus grand, sur lequel sont, à droite et à gauche du groupe, deux riches aiguières ; la ceinture de la Console est ornée d'une fort belle frise ; les pieds sont surmontés de chapiteaux ioniques, lesquels sont surmontés de masques de lions portant à leur gueule des couronnes figurant des anses ; les quatre pieds sont joints par un T antique, se réunissant dans le milieu à un piédestal qui porte une belle et grande coupe d'or, laquelle sert à garnir le milieu des quatre pieds.

Dans l'épaisseur de la ceinture de la Console, est un instrument mécanique, exécutant quatre morceaux de musique, dont l'un se fait entendre à chaque heure, par un effet de la Pendule, et les quatre morceaux à volonté.

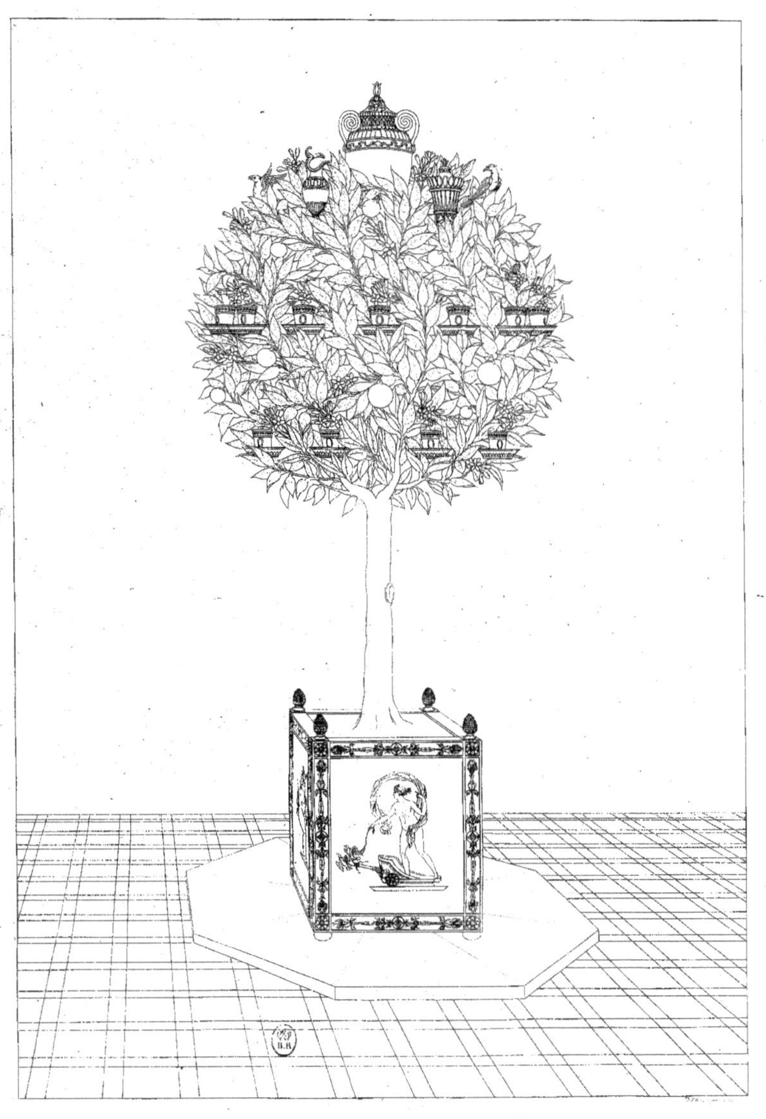

DESCRIPTION

D'UN MEUBLE

QUI FORME UNE TABLE A THÉ, GARNIE DE TOUS LES USTENSILES NÉCESSAIRES A UN THÉ.

Ce Meuble figure un oranger dans sa caisse, posé sur un plateau à huit pans, lequel se soulève à volonté et passe à travers la caisse de l'oranger, se fixe sur les quatre pommes de ladite caisse, et forme une table au milieu de laquelle se trouve un oranger qui supporte douze tasses à thé, six tasses à chocolat, sucrier, bol : une urne à thé couronne le tout.

Aux heures, et à volonté, en pressant un bouton qui est sur le tronc de l'oranger, une des oranges de l'arbre s'ouvre en quatre parties, et découvre l'intérieur de son fruit, sur lequel on voit les heures et les minutes, ce qui forme une pendule d'une composition nouvelle : dans le même moment deux oiseaux mécaniques perchés sur le haut de l'oranger, font entendre leur ramage en remuant le bec, les yeux, la queue, en agitant leurs ailes et en sautant d'une branche à l'autre.

Ces oiseaux, par leur ramage, annoncent un instrument mécanique placé dans la caisse de l'oranger, qui fait entendre à chaque heure un morceau de musique, en imitant un duo de flûte.

Sur les quatre panneaux de la caisse, qui est en acajou, sont quatre bas-reliefs de Vénus, Psyché, l'Amour et Zéphyr.

Cette caisse est richement garnie de bronze ; elle forme un meuble fort agréable au coup d'œil, et neuf dans son ensemble.

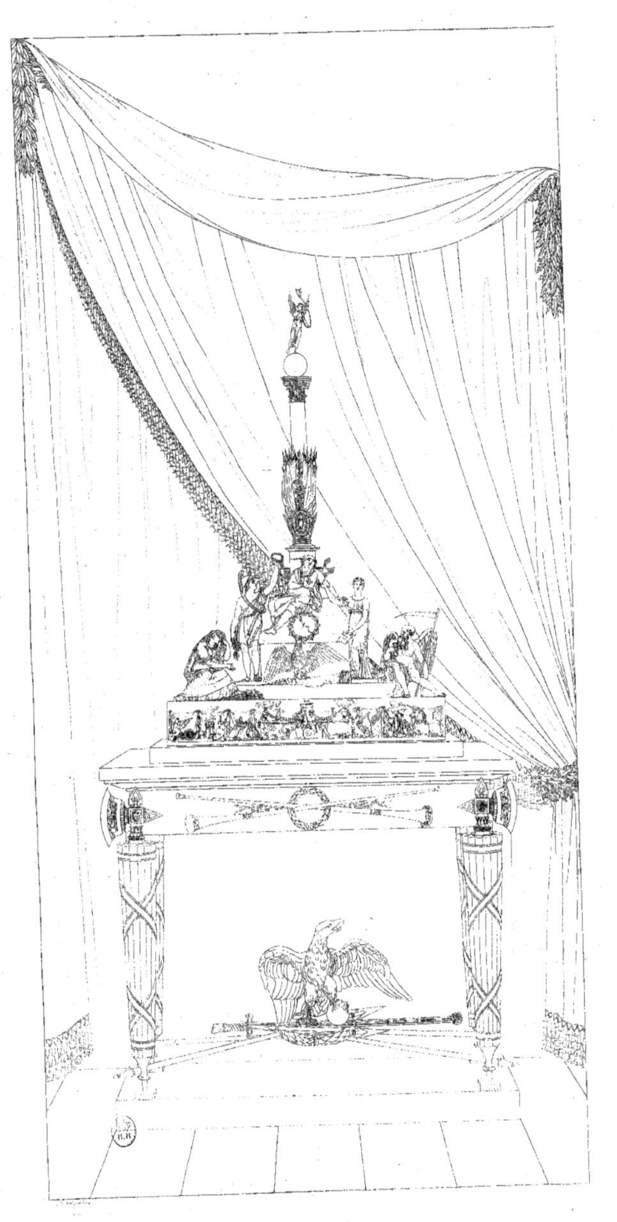

DESCRIPTION

D'UNE PENDULE

FIGURANT UN MONUMENT A LA MÉMOIRE DE FRÉDÉRIC-LE-GRAND.

Viro immortali !

Cᴇ Monument est posé sur une table, soutenue par quatre faisceaux richement ornés, ils sont enlacés par quatre javelots dans une couronne de laurier, portant l'Aigle de Prusse, qui tient dans sa serre droite l'Épée victorieuse de Frédéric, et dans sa serre gauche une boule allégorique de la Silésie.

Sur la face de la ceinture de cette table, sont deux trompettes, liées par une couronne triomphale.

Ce qui compose le Monument est un rocher, posé sur un grand socle orné de bas-reliefs ; le principal représente la Vertu et le Courage sous la forme d'une femme voilée et d'un Africain armé : ils sont appuyés sur une urne cinéraire. Ce groupe est une image de tous les peuples qui toujours regretteront la perte de Frédéric-le-Grand : la femme tient un livre qui est supposé contenir les fastes de l'Histoire. A droite et à gauche on voit les attributs de différentes nations de l'Europe, qui expriment aussi leur deuil.

Sur le sommet du rocher, Frédéric est représenté mourant, se couvrant du voile de l'Immortalité : il est appuyé sur la muse de l'Histoire ; cette figure présente le Cᴏᴅᴇ Fʀᴇᴅᴇʀɪᴄ, un des ouvrages qui a le plus illustré le règne de ce Monarque.

Une femme, qu'à son attribut principal on reconnoît pour être l'Europe, verse des larmes : elle semble reprocher au Temps de moissonner des jours aussi précieux. Le Temps, sa faux dans une main, le sablier dans l'autre, regarde avec regret échapper le fatal grain de sable qui marque le dernier instant du Héros.

Un Guerrier qui a combattu sous Frédéric lui offre une couronne, dernier hommage de son respect et de sa reconnaissance.

Une colonne d'ordre corinthien termine ce Monument : elle est l'emblême de l'affermissement du Royaume de Prusse : cette colonne est entourée de drapeaux en forme de trophée, au-dessus desquels sont placés des boucliers qui portent les noms de Prague, de Molwitz, de Lissa, etc. rappelant les victoires qui ont déterminé la réunion de la Silésie à la Prusse, et qui ont ajouté à la mémoire glorieuse de ce grand homme.

Sur les bases de la colonne sont deux proues de vaisseau, en mémoire de la protection accordée par Frédéric aux villes de Dantzick et d'Embden.

Au sommet de la colonne est la Renommée : elle annonce avec une trompette funèbre la perte que la Prusse a faite de son auguste Souverain.

Dans la partie basse du rocher est une pendule : un aigle tenant dans sa serre droite un drapeau victorieux, allégorie des armes de Prusse, porte à son bec la couronne de l'Immortalité composée de douze étoiles d'argent, sur lesquelles sont gravés les chiffres des heures, et qui se trouvent indiquées par un serpent sortant du rocher.

Dans l'épaisseur de la ceinture de la table, est un instrument mécanique qui exécute, avec une grande précision, six morceaux de musique.

L'ensemble de ce Monument a sept pieds et demi de haut, sur trois et demi de large. En l'examinant avec attention, on y trouvera un témoignage éclatant de cette haute estime qui est commune à toutes les nations pour la mémoire de Frédéric-le-Grand.

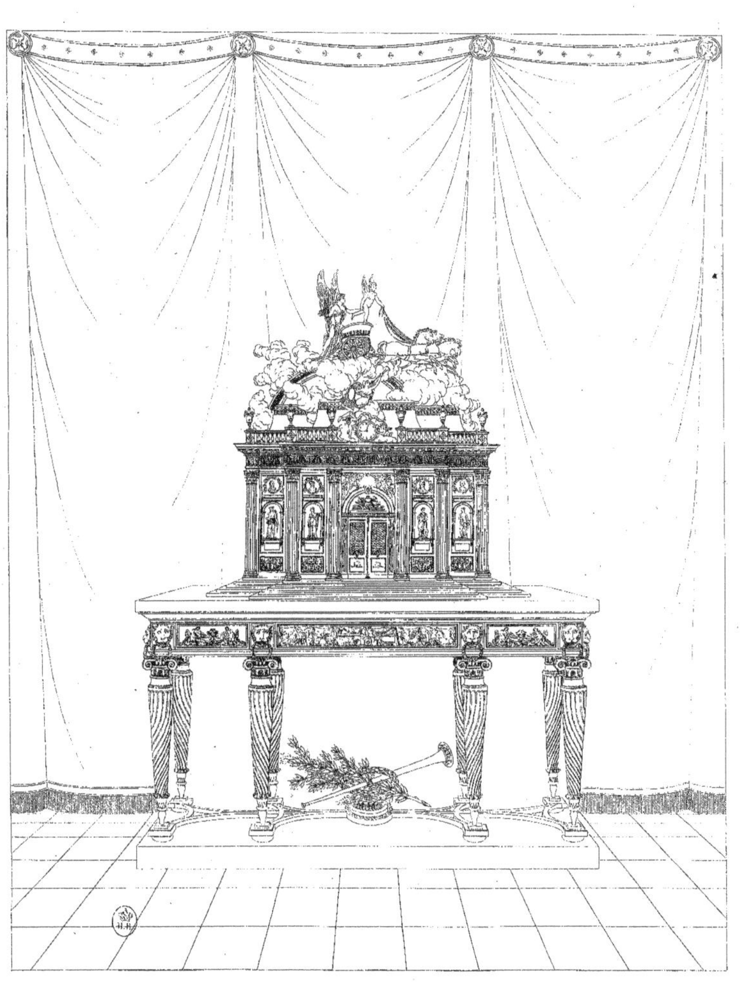

DESCRIPTION

D'UN MONUMENT

REPRÉSENTANT UN TEMPLE ÉRIGÉ AUX GRANDS HOMMES.

(Il a été fait pour servir de pendule , dans un vaste salon.)

Ce Monument est composé d'un Temple de l'ordre corinthien ; il est exécuté en bois d'acajou, richement décoré en bronze et en marbre.

Dix colonnes de marbre blanc, ornées de leurs chapiteaux de bronze , forment la façade du Temple. Entre chacune de ces colonnes sont des niches dans lesquelles ont été placées des figures en pied représentant l'Europe, l'Asie , l'Afrique et l'Amérique. Au-dessus de chacune de ces niches, on voit les bustes d'hommes illustres dont les noms servent à distinguer les quatre parties du Monde , Alexandre, César, Mahomet et Christophe Colomb : dans le milieu de ce Temple se trouvent les portes ; elles sont en bronze.

Au-dessus de l'entablement règne une balustrade qui est surmontée d'un attique recouvert d'un nuage ; dans le milieu de ce nuage on apperçoit un arc-en-ciel, sur lequel paroît le char de l'Immortalité , conduit par le génie de la Gloire.

Le char est attelé de trois chevaux fougueux : le nuage qui l'enveloppe vient s'étendre jusque sur une partie de la balustrade où se trouve un cadran qui donne l'heure : sur les côtés sont deux Génies ; l'un indique les heures , l'autre les minutes.

Au haut de ce cadran est une Renommée qui s'enlève , tenant d'une main sa trompette et de l'autre un écusson sur lequel sont inscrits les noms immortels des grands Hommes qui ont ajouté à la gloire du nom Français.

Par un effet mécanique, les portes du Temple s'ouvrent à chaque heure, et encore à volonté ; alors on voit l'intérieur d'un temple circulaire ; les colonnes se trouvent multipliées de manière à offrir un bel ensemble d'architecture.

Ce Monument est posé sur une table à huit pieds, ornés de riches chapiteaux ioniques et de bas-reliefs en bronze ; ils sont liés par un double T antique. Dans le milieu, il y a un socle sur lequel est une trompette, avec une branche de laurier en sautoir enlacée dans une couronne triomphale.

Dans l'épaisseur de la ceinture de cette table est un instrument qui exécute un morceau de musique, à chaque heure , par l'effet de la pendule.

Le tout forme un ensemble de neuf pieds de haut , sur six pieds et demi de large.

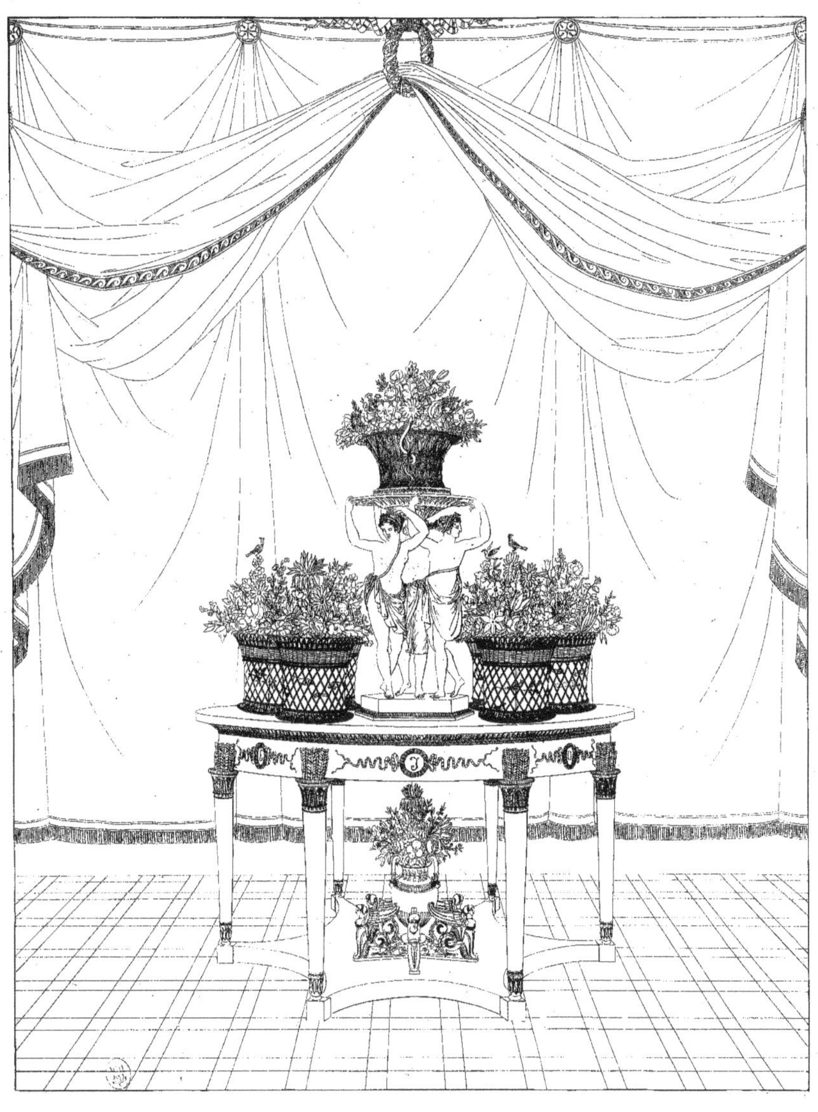

DESCRIPTION

D'UNE TABLE A CULTIVER DES FLEURS,
DESTINÉE POUR UN APPARTEMENT;

Dans laquelle se trouvent une Pendule sans cadran et sans aiguilles ; un Instrument mécanique imitant parfaitement la voix humaine, accompagné de deux Flûtes ; trois Cages avec des oiseaux, trois Vases de cristal contenant des poissons, six Corbeilles pour cultiver des fleurs, et un Vase à bouquets, de porcelaine.

Cette Table est d'une forme circulaire, de six pieds de diamètre : elle est portée par six carquois en bronze garnis de leurs flèches ; six chimères sont posées sur le socle qui supporte la Table ; ces chimères portent sur leurs têtes un riche vase de porcelaine : ce vase est en outre soutenu par leurs ailes, il est de forme grecque, et il est destiné à conserver des bouquets.

Sur le marbre qui couvre la Table, et au-dessus de chacun des six carquois, est une corbeille en bronze à jour ; trois servent de cages et renferment une famille d'oiseaux différens ; les trois autres sont garnis de bocaux de cristal, contenant trois espèces de poissons.

Dans l'épaisseur de six pouces de la partie supérieure de chacune de ces six corbeilles, on a placé de la terre propre à cultiver des fleurs ; dans le milieu de ces six corbeilles est un socle à six pans, orné de moulures en bronze, portant un groupe de trois figures aussi en bronze de trois pieds et demi de proportion ; ce sont les trois Graces qui supportent un plateau, sur lequel a été placée une septième corbeille, garnie de fleurs en bronze : dans le calice de douze de ces fleurs sont les chiffres des douze heures. Du milieu de cette corbeille, sort un serpent qui est toujours en mouvement, et qui cherche à atteindre, avec son dard, une des fleurs renfermant les chiffres, et par ce mouvement il désigne l'heure : la queue de ce serpent atteint une couronne de soixante petites roses ; cette couronne forme une frise autour du plateau : dans le calice de chacune de ces roses sont les chiffres des minutes : ainsi le serpent marque les heures et les minutes.

Au moment où les heures de cette pendule de forme nouvelle, sonnent, un oiseau mécanique, conforme par son plumage à ceux que renferment les trois cages, et imitant parfaitement leur chant, s'élève du milieu des fleurs qui sont dans l'une des trois corbeilles ; il vient se percher sur une fleur en gazouillant. Il donne lieu de croire qu'il est échappé de la cage et qu'il fuit. Son petit voisin survient, se perche aussi sur une fleur de la corbeille d'où il sort ainsi qu'un troisième de la dernière corbeille, puis ils chantent un trio. Ces oiseaux mécaniques remuent les yeux, le bec et la queue ; ils agitent leurs ailes et ils imitent parfaitement tous les mouvemens de la nature.

Leurs gazouillemens précèdent les effets d'un instrument mécanique, qui exécute un morceau de musique à chacune des heures : cet instrument renferme six airs différens, et ils imitent en perfection une voix humaine accompagnée par deux flûtes, ce qui forme une harmonie infiniment agréable.

Sur le pourtour de la ceinture de la Table, entre chacun des carquois, il se trouve des couronnes de myrtes de forme antique, dans lesquelles sont des têtes d'aigles, qui portent à leur bec une des lettres du nom de S. M. l'Impératrice ; de sorte qu'en faisant le tour de la Table, on lit : Joséphine.

Cette Table à cultiver des fleurs, réunit à une riche élégance une composition neuve.

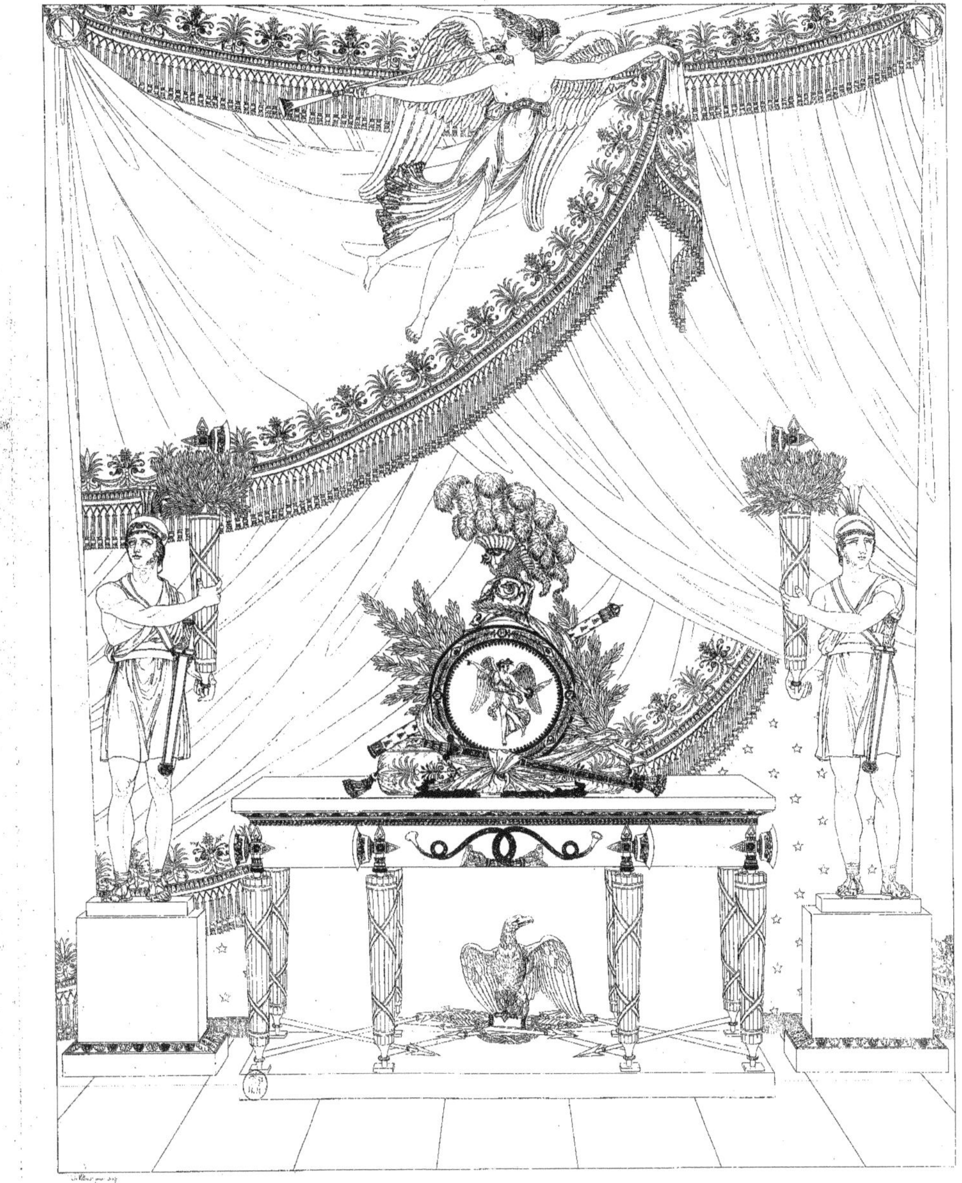

DESCRIPTION

D'UN TROPHÉE D'ARMES

QUI REPRÉSENTE L'ARMURE DE S. M. L'EMPEREUR DES FRANÇAIS, ROI D'ITALIE.

Ce Trophée est exécuté en bronze, proportion de nature. Il a été fait pour orner l'intérieur d'un Palais : c'est l'armure d'un Souverain qui, de retour après la victoire, a déposé les armes avec lesquelles il a vaincu.

Il est composé d'un Casque, d'un Bouclier, d'une Épée, d'un Bâton de commandement Impérial, d'une Écharpe et de Branches de laurier ; le tout est groupé sur un globe terrestre : ce globe est placé sur un carreau de velours, et posé sur une table de marbre supportée par des attributs militaires.

Le Casque est grec, il est couronné de laurier.

Le Bouclier est de forme ronde ; dans le milieu est une figure ailée allégorique du génie de l'Empereur NAPOLÉON, qui toujours lui a enseigné le chemin de la victoire et qui offre l'olivier de la paix ; cette figure montre d'une main la Victoire et la route de l'immortalité ; de l'autre, elle porte des couronnes pour récompenser les héros, et une branche d'olivier pour donner la paix.

Des allégories des victoires de l'Empereur sont au pourtour ; elles sont figurées par les Couronnes d'AUTRICHE, de RUSSIE, d'ITALIE, et d'ÉGYPTE : entre chacune de ces couronnes, est la lettre initiale du nom de SA MAJESTÉ, entourée d'une couronne de laurier.

Le Bâton de commandement est parsemé d'abeilles et surmonté d'une Couronne IMPÉRIALE.

L'Épée est de forme grecque, et richement ornée.

Le Globe, quoique couvert par l'armure, laisse appercevoir les différentes parties de la terre où les armes de l'EMPEREUR ont triomphé. Le tout est mêlé de branches de laurier liées avec l'écharpe IMPÉRIALE, et reposé sur un carreau de velours bleu, brodé en or.

Dans l'intérieur du Bouclier est une pendule, dont le cadran, de quinze pouces de diamètre, est en argent ; il indique les heures, les minutes, les secondes et les signes du Zodiaque.

A chacune des heures, et aussi à volonté, le Bouclier se soulève et découvre cette pendule.

Sur le revers du Bouclier on lit : A L'EMPEREUR NAPOLÉON, AU RETOUR D'AUSTERLITZ.

Ce Trophée est sur une table de marbre soutenue par huit faisceaux en bronze. Ils sont enlacés dans une couronne triomphale par huit javelots, portant un aigle armé d'un foudre, représentant les armes Impériales de France.

Sur le devant de la ceinture de la table, sont deux trompettes antiques ; dans son épaisseur il se trouve un instrument mécanique exécutant quatre morceaux de musique.

Deux Guerriers en bronze, proportion de nature, sont à droite et à gauche du Trophée ; ils sont vêtus à la romaine. Ils portent des faisceaux surmontés de haches et de branches de laurier, lesquels sont disposés pour porter des bougies, et former chacun un candélabre à douze lumières. Ces deux Guerriers sont placés sur des socles de marbre, avec des ornemens et des moulures de bronze doré.

Une Renommée, aussi proportion de nature, domine ce Monument ; elle soulève un rideau richement brodé en or et garni de franges, pour laisser entrevoir une draperie étoilée, figurant le voile de l'Immortalité, destiné à décorer l'armure du Héros, qui a toujours été couronné par la Victoire.

Cette Renommée sonne à toutes les heures, et à volonté, des fanfares qui imitent les sons d'une véritable trompette. Ces fanfares annoncent la sonnerie des heures, et le mouvement du Bouclier qui découvre le cadran : immédiatement après, la mécanique exécute un des quatre morceaux de musique qu'elle renferme.

L'ensemble de ce Monument est de vingt pieds de haut, sur seize de large : l'auteur s'est efforcé de faire une chose digne des armes qu'il a figurées.

ÉLOGE FUNÈBRE,

Prononcé le 1er Octobre 1806, dans le Cimetière de Neuilly, sur la tombe et à l'instant de l'inhumation de M. Pierre-Louis-Arnulphe DUGUERS DE MONTROSIER, Officier au Régiment d'Anhalt, Infanterie,

En présence de sa Famille, du Clergé, de ses Amis et des Assistans;

Par M. THÉOPHILE MANDAR.

Messieurs,

Si le ciel avoit permis que l'homme doué d'un génie rare, d'un cœur élevé, sublime et pur, d'une ame sensible, et de ces vertus aimables qui font le bon père, le bon mari, le bon ami; l'homme du pauvre et l'homme des arts, en même temps qu'il a été un homme étonnant par la fécondité inépuisable de ses conceptions et par le charme irrésistible des choses belles, grandes, magnifiques qu'il a créées, et qui nous restent, pour attester à la postérité qu'un grand artiste a vécu, en quel siècle, sous quel règne!... Si le ciel avoit permis que la vie d'un homme doué de tous les dons du génie, de l'esprit et du cœur, fût aussi durable que sa mémoire, aussi respectée que ses ouvrages, aussi chère à ses contemporains que le souvenir qu'il laisse après lui, l'homme excellent que nous pleurons, le bon ami, le bon mari, le tendre père, Duguers vivroit, il vivroit encore; il vivroit, Messieurs, pour la gloire des arts, qu'il a enrichis; pour le bonheur de ceux qui l'ont connu, et pour l'ornement de sa patrie!... Il vivroit! et ces lauriers, ces branches de chêne, arrosés des larmes de tous ceux qu'il a aimés et qu'il a rendu heureux; ces lauriers devenus aujourd'hui le symbole de notre immortelle douleur, seroient sur son front le symbole de sa gloire et de ses triomphes mérités!...

Telle est donc, Messieurs, la récompense accordée à l'homme doué par la divinité de talens supérieurs! Une vie agitée, tourmentée, et des labeurs étonnans, pour la perfection desquels ont été ajoutées les nuits les plus cruelles aux plus longs jours d'un travail continu! Et au printemps de sa vie, à quarante-huit ans, d'amers chagrins, des peines égales par leur excessive rigueur; que dis-je? supérieures à tout ce que peuvent la renommée, la gloire et les applaudissemens, apporter ici-bas de consolations!

D'ici, Messieurs, je vois le cortége nombreux des artistes; je le vois entourer et regarder, admirer et applaudir à ces monumens dont les dessins ont été conçus par M. Duguers, et que des amis, enivrés de sa gloire, se sont empressés d'exécuter avec une magnificence digne de la sublimité de ses projets!

Artistes nombreux, hommes de génie! que vos yeux se détournent un moment de ces objets si grands, si pompeux, et tout ensemble si dignes de porter la gloire de nos arts jusques dans les contrées les plus lointaines, et dans les siècles les plus reculés! Artistes, hommes de génie! vous qui avez connu M. Duguers, cessez pour un moment d'applaudir à ses travaux; venez, oh! venez! contemplez cet homme rare, environné à sa dernière heure d'un petit nombre d'amis, isolés de la capitale de l'Europe et des beaux-arts, et le pleurant en silence! ils partagent votre juste douleur, ils partagent encore votre admiration! Artistes, hommes de génie! ô vous à qui il a été donné de faire que le bronze s'anime, que le marbre respire! O vous qui donnez à la pierre, au marbre, au bronze, le sentiment et l'ame, la vie et la parole; que dis-je! une vie séculaire, une expression d'autant plus éloquente, qu'elle se fait entendre et devient intelligible pour tous les peuples, facile et pure d'âge en âge et dans toutes les langues; les amis éplorés, les inconsolables amis de M. Duguers, partagent votre profonde, votre sincère admiration; souffrez, oh! permettez qu'en ce grand jour les amis de cet artiste inimitable vous supplient, et qu'ils vous conjurent de partager leur douleur et leurs larmes!

Artistes! ah! écoutez, écoutez encore! le moment du triomphe de M. Duguers étoit arrivé, l'heure de sa gloire, immortelle dans les annales des beaux-arts, cette heure venoit de sonner pour lui et pour ses amis; le Grand Napoléon 1er devoit, environné de toute sa gloire, précédé de ses nombreux triomphes, suivi des siècles à venir, qui forment son cortège, qui soutiennent sur son front les diadèmes et qui, attachés à ses pas, mûrissent ces grands projets, pour le bonheur et pour la rénovation des sociétés; oui, Messieurs, le Grand Napoléon 1er devoit saluer, encourager et applaudir à la gloire d'un grand artiste...

Vous le savez, Messieurs, le Tasse mourut la veille du jour qu'il devoit entrer en triomphe dans Rome, et ses lauriers se sont changés sur son front radieux en des branches de cyprès; et les mains qui devoient avec tant d'orgueil, avec un si grand enthousiasme, faire retentir l'admiration de ses contemporains, de la profondeur des collines jusque sur le sommet des montagnes qui entourent la ville de Rome; ces mains, muettes d'applaudissemens, semblables à la prière du Juste, s'élevèrent vers les cieux; ces mains, égarées par la plus vive, par la plus profonde douleur, se tournèrent aussi vers le souverain Pontife, inconsolable; elles portèrent vers l'Éternel, et les larmes de Rome, et les immortels regrets de la France, et les gémissemens de l'Italie, et la plainte de l'Europe savante. Ces larmes de tout un peuple, ces mains élevées, suppliantes, et tremblantes sous le coup de la douleur, s'arrêtèrent enfin sur la cendre du Tasse!

La Postérité, assise auprès du Tasse, le couronne, gémit et pleure!...

Le Chantre d'Achille et d'Hector, aveugle et pauvre, a mendié de ville en ville un pain de charité!

Le grand, le sublime Milton, demeura dans sa patrie long-temps pauvre, aveugle et ignoré. Eh! dans quelle contrée? dans un royaume que sa gloire, que ses ouvrages ont illustré, bien plus encore que son commerce ne l'a enrichi!

Le Camoëns, vous le savez, Messieurs, mourut dans un de ces asyles où se trouvent confondues toutes les misères et toutes les maladies... Dieu l'a permis, Messieurs, pour consoler les hommes de l'infinie distance qu'il a mise entre le génie qui crée et qui invente, et le reste des autres hommes. Les génies créateurs sont à l'espèce humaine ce que le soleil est dans l'univers. Si les grands rois, et nous le savons par notre bonheur et par nos destinées présentes, sont une vive, une éclatante image de la toute-puissance divine, les grands hommes sont un don, ils sont encore un bienfait de la divinité!

Qu'il me soit permis cependant, Messieurs, d'ajouter à ces réflexions véritablement douloureuses, une pensée que je ne dois qu'à l'excès de nos plaintes, à la grandeur de notre perte!

Un grand homme est, pour sa patrie, une source inépuisable de gloire et de triomphe; il la couvre de ses lauriers, il l'éclaire, il l'environne de sa gloire!

N'en doutons pas, Messieurs, la postérité comptera les années de la vie de M. Duguers par le nombre de ses ouvrages; nous, au contraire, nous y ajouterons les jours passés à le pleurer, à le regretter, et à nous entretenir de ses douces vertus et de l'excellence de son cœur. La postérité, qui jouira avec étonnement de ses grands travaux, honorera la mémoire d'un Artiste qui étendit le règne et la gloire des beaux-arts dans sa patrie; car vous le savez, Messieurs, aucun des chefs-d'œuvre qui ont été présentés à l'Exposition de 1806, n'ont été comparables à ceux ordonnés sur les dessins, exécutés sous les ordres de M. Duguers; il eût été le Roi parmi les artistes, et la couronne de lauriers que nous osons en ce moment déposer sur son cercueil, servira d'ornement à ses immortels et magnifiques ouvrages.

Peut-être, Messieurs, la postérité se demandera: Duguers fut-il heureux? Et la postérité dira encore: Duguers méritoit d'être heureux! Mais pourquoi sommes-nous obligés de l'avouer à cette assemblée? le génie et le bonheur se sont-ils jamais rencontrés? Eh! dans quel pays?... Les souverains créent des princes, ils fondent des monarchies, ils renversent ou ils établissent des trônes; Dieu seul! Dieu seul crée l'homme de génie! l'avenir est sa patrie; il veut toujours, il veut y arriver, il ne vit que pour les âges futurs; les princes, les bons princes sont la juste récompense que Dieu envoie aux peuples vertueux et soumis: les grands artistes, les grands hommes appartiennent au genre humain!

Adieu, homme étonnant! toi dont le cœur fut si bon, si constamment bon! Adieu, mari chéri et adoré d'une épouse, à qui ta perte laisse pour héritage une larme éternelle. Les larmes! elles sont la voix de la veuve et le seul langage des malheureux, qui ne peuvent recevoir, qui ne peuvent entendre de consolation! Ah! si Dieu avoit permis que les larmes des vivans fléchissent quelquefois l'aveugle mort, et retardassent les coups qu'elle donne à ses victimes; ô toi, ami, homme de génie, bon père, époux, Duguers! les larmes de ta respectable veuve, les larmes de Louise, ta fille chérie, les miennes, celles de tes amis, auroient depuis long-temps opéré ce miracle!

Couvrons de fleurs, couronnons de lauriers les restes inanimés, mais précieux, de l'homme de génie qui a quitté la vie; ses malheurs, ses chagrins, tout a cessé; il nous a laissé, Messieurs, des regrets éternels, ils dureront autant que son nom, ils survivront à sa veuve et à sa fille: nos regrets, ils appartiennent, ainsi que ses ouvrages, à l'avenir, à la postérité.

Je vous ai parlé, Messieurs, des talens rares et des travaux étonnans de M. Duguers; c'est à vous, qui fûtes ses amis, et qui l'avez connu et aimé, qui l'avez apprécié et admiré, qu'il appartiendra de nous peindre sa modestie. Elle étoit si grande, elle étoit si parfaite et en même temps si aimable, qu'il étoit étonné le premier quand on disoit de lui, en sa présence, voilà un homme de génie!... Il auroit volontiers fait taire l'ami indiscret qui l'auroit salué de ce nom!

Semblable à ces voyageurs qui, ne connoissant pas encore les merveilles de l'aurore boréale, et qui se trouvant privés tout-à-coup de cette seconde lumière, s'écrieroient: Il est nuit! les collaborateurs de M. Duguers se sont dit: Il n'y a plus d'inventions nouvelles; le génie créateur n'est plus!

Ne nous abandonnons plus à la douleur. Non, non, Messieurs, la gloire, le génie, les talens ne peuvent mourir! M. Duguers vit encore pour l'Europe, il vit pour sa patrie; il n'a cessé de vivre que pour sa veuve, pour sa fille; il n'est mort que pour ses amis, et non pas, Messieurs, pour ses admirateurs!

L'Auteur de cet Éloge a composé l'Épitaphe de M. Duguers, et il a désiré qu'il fût inséré à la tête du Recueil des Dessins de cet Artiste.

A LA MÉMOIRE

DE

Pierre-Louis-Arnulphe DUGUERS DE MONTROSIER,

Officier au Régiment d'Anhalt, Infanterie,

NÉ A LANDAU, LE 19 NOVEMBRE 1758, DÉCÉDÉ LE 1ᵉʳ OCTOBRE 1806.

BON FILS, ÉPOUX-AMANT, PÈRE TENDRE, AMI FIDÈLE ET GÉNÉREUX;
SI LE GÉNIE, SI L'AMOUR ÉCLAIRÉ DE LA VÉRITABLE GLOIRE,
SI DES TRAVAUX ADMIRABLES, IMMORTELS, AVOIENT DU RETARDER
LA MOISSON DE L'AVEUGLE MORT,
QUEL HOMME, PLUS QUE DUGUERS, AVOIT LE DROIT DE LA FLÉCHIR?

HÉLAS!.... IL A VÉCU TROP PEU D'INSTANS
POUR SON ÉPOUSE ADORÉE,
POUR SA FILLE CHÉRIE!
SA PERTE LES A LAISSÉES, AINSI QUE SES AMIS,
EN PROIE A LA PLUS PROFONDE, A LA PLUS AMÈRE DOULEUR!....
IL MOURUT AU MOMENT OU LA RENOMMÉE ET LA PATRIE,
ENORGUEILLIES DE SES MAGNIFIQUES TRAVAUX,
DEVOIENT LUI DÉCERNER LA COURONNE DU TRIOMPHE,
PARMI LES ARTISTES.

LES AMIS ÉCLAIRÉS DES BEAUX-ARTS,
L'ÉTRANGER ÉTONNÉ,
LES FRANÇAIS, HÉRITIERS DE SES OUVRAGES,
PARLERONT DE SA GLOIRE,
ET MÊLERONT LEURS LONGS REGRETS
AUX LARMES DE CEUX QUI L'ONT CONNU!

PASSANT, RÉDIS AUX HOMMES DU PLUS GRAND GÉNIE,
AUX BRAVES, AUX HÉROS, A TES ENFANS,
QUE NOS JOURS PASSENT COMME UNE OMBRE.
LA VIE ET LA SANTÉ LA PLUS BRILLANTE,
SONT AUSSI-TOT FANÉES QUE LA FLEUR DES CHAMPS.
LA GLOIRE N'EST QU'UN FANTOME;
LA FORTUNE ET LES HONNEURS UNE VAPEUR LÉGÈRE.
ET SI LE DIEU DES AGES,
SI L'ANCIEN DES JOURS
PERMET QUE LE NOM DE L'HOMME DE GÉNIE
RETENTISSE ADMIRÉ, ET SURVIVE DANS LA MÉMOIRE DES HOMMES;
SI LE NÉANT NE PEUT DIMINUER NI ÉTEINDRE SA VIVE ET PURE SPLENDEUR,
DUGUERS, QUI GIT ICI, DORT
DANS L'ATTENTE D'UN RÉVEIL PLEIN DE GLOIRE.
IL VIVRA D'AGE EN AGE.

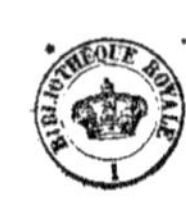

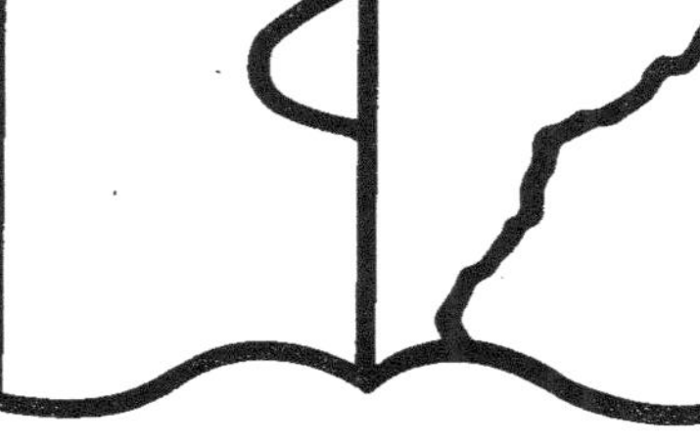

Texte détérioré — reliure défectueuse

NF Z 43-120-11